En el parque de atracciones

por **Dana Meachen Rau**

Asesora de lectura: Nanci R. Vargus, Dra. en Ed.

Marshall Cavendish
Benchmark
New York

Palabras en imágenes

algodón de azúcar

carrusel

fuegos artificiales

globo

parque de atracciones

payaso

pelota

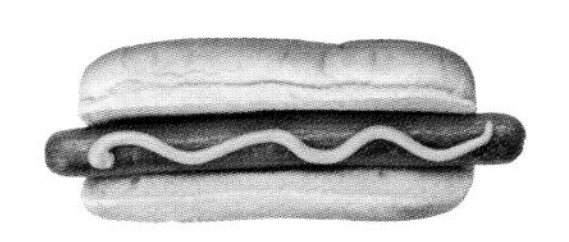

perro caliente

rueda de Chicago

Me gusta el .

Me gusta la .

DANGER! DO NOT ROCK SEAT

Me gusta el .

Me gusta lanzar una .

Me gusta el  del  .

Me gusta comer
un 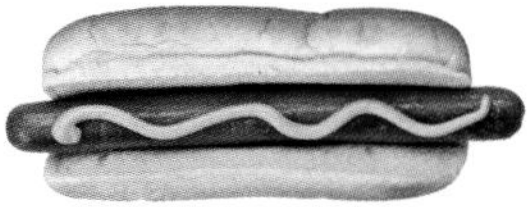 .

Me gusta comer un 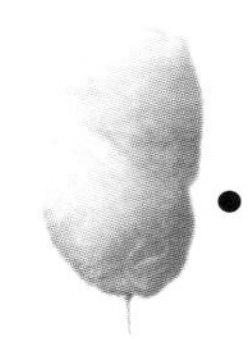.

Me gusta ver los .

El  es divertido.

Aprende estas palabras

comer masticar y pasar la comida

lanzar arrojar algo con suavidad

Entérate de más

Libros

Burgess, Ron. *Be a Clown!: Techniques from a Real Clown*. Charlotte, VT: Williamson Publishing Company, 2001.

Cobb, Vicki. *Fireworks* (Where's the Science Here?). Brookfield, CT: Millbrook Press, 2005.

Videos

Dave Hood Entertainment. *Real Wheels: Here Comes a Roller Coaster*. Kid Vision.

Sitios Web

National Confectioners Association: Cotton Candy History
http://www.candyusa.org/candy/cottoncandy.asp

The New England Carousel Museum
http://www.thecarouselmuseum.org/

Sobre la autora

Dana Meachen Rau es escritora, editora e ilustradora. Graduada del Trinity College de Hartford, Connecticut, ha escrito más de doscientos libros para niños, entre ellos, libros de ficción histórica y de no ficción, biografías y libros de lectura para principiantes. A ella y a su familia les gusta ver los fuegos artificiales en el parque local de atracciones, cerca de Burlington, Connecticut, el lugar donde viven.

Sobre la asesora de lectura

Nanci R. Vargus, Dra. en Ed., quiere que todos los niños disfruten de la lectura. Antes era maestra de primer grado. Ahora trabaja en la Universidad de Indianápolis. Nanci ayuda a los jóvenes a prepararse para ser profesores. A ella le gusta ir al parque estatal de atracciones con sus nietas, Corinne y Charlotte.

Marshall Cavendish Benchmark
99 White Plains Road
Tarrytown, NY 10591-9001
www.marshallcavendish.us

All Internet addresses were correct at the time of printing.

Library of Congress Cataloging-in-Publication Data

Rau, Dana Meachen, 1971–
[At a fair. Spanish]
En el parque de atracciones / por Dana Meachen Rau.
p. cm. – (Benchmark rebus)
Summary: Introduces the rides, snacks, and fun activities of a fair through simple text with rebuses.
Includes bibliographical references.
ISBN 978-0-7614-2749-0 – ISBN 978-0-7614-2606-6 (English ed.)
1. Rebuses. [1. Fairs–Fiction. 2. Rebuses. 3. Spanish language materials.]
I. Title.
PZ73.R2778 2007
[E]–dc22
2007017155

Spanish Translation and Text Composition by Victory Productions, Inc.

Photo research by Connie Gardner

Rebus images, with the exception of ball, cotton candy, fair, Ferris wheel and fireworks, provided courtesy of *Dorling Kindersley.*

Cover photo by Andreas Pollock/Taxi/Getty Images

The photographs in this book are used with the permission and through the courtesy of:
Superstock: p. 3 Ferris wheel, age footstock; p. 2 fair, Keith Kapple; *Corbis*: p. 3 ball, Jim Craigmoyle; p. 3 fireworks, Bill Ross; p. 2 cotton candy, James P. Blair; *Superstock*: p. 5, age footstock; p. 7, Gibson Stock Photography; *Image Works*: p. 9 Skjold Photographs; p. 19 Erin Moroney La Belle; *PhotoEdit*: p. 11 Tony Freeman; p. 13 Jeff Greenbert; *Alamy*: p. 17 Larry Brownstein; *Corbis*: p. 15 Barbara Peacock; p. 21 Tom and Dee Ann McCarthy.

Printed in Malaysia
1 3 5 6 4 2